◉ 그래서음악

감성 있는

New Age

뉴에이지 피아노 연주곡집

초급편
— level —

◉ 그래서음악

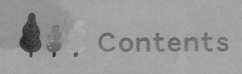 Contents

샐리 가든
Down by the Salley Gardens

아일랜드 민요

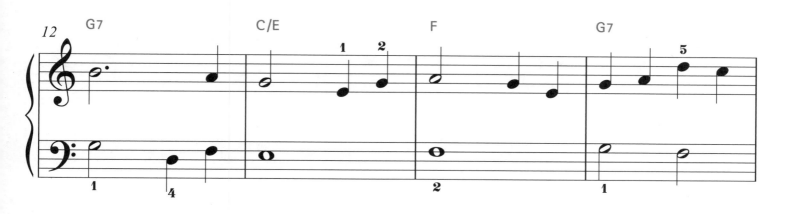

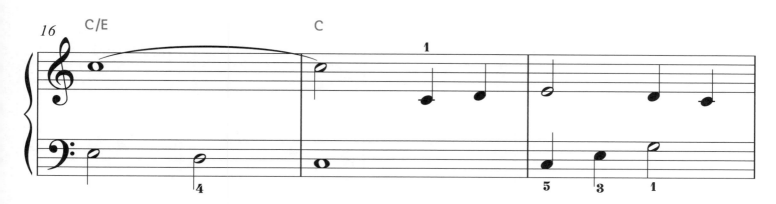

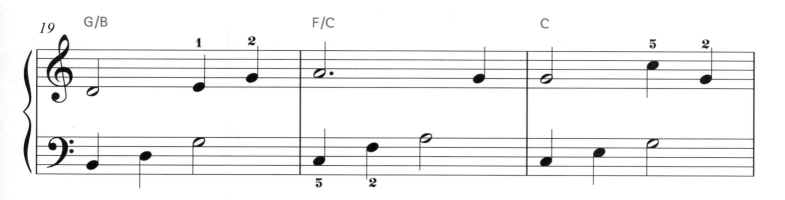

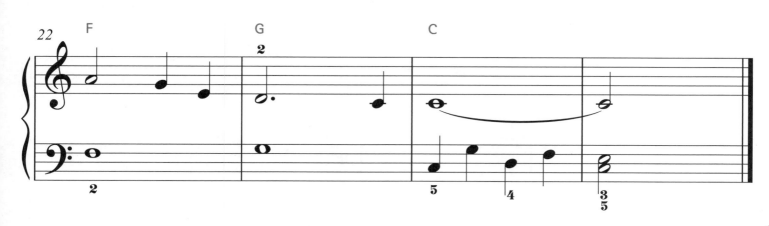

섬집 아기

이흥렬 작곡

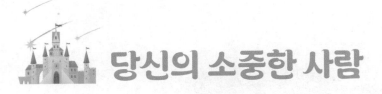

당신의 소중한 사람

노르웨이 민요

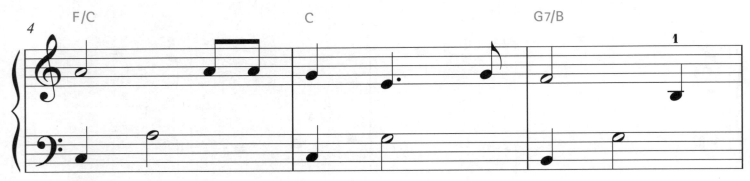

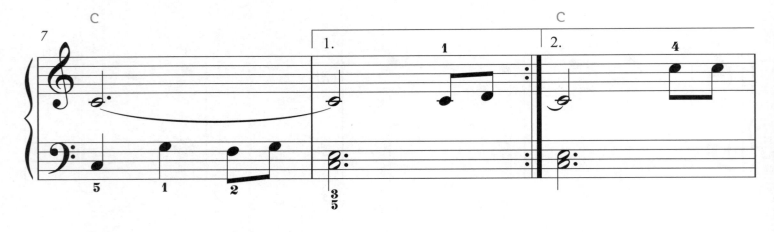

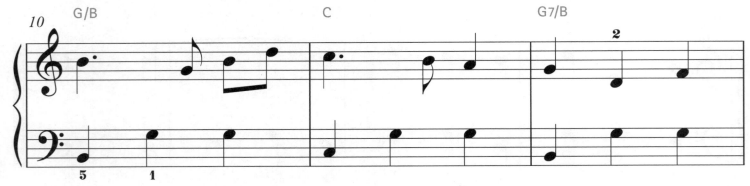

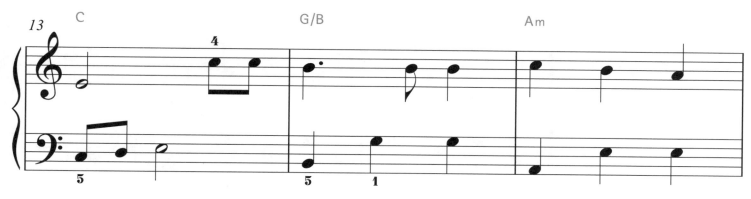

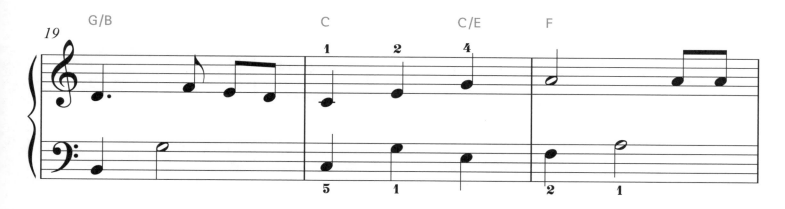

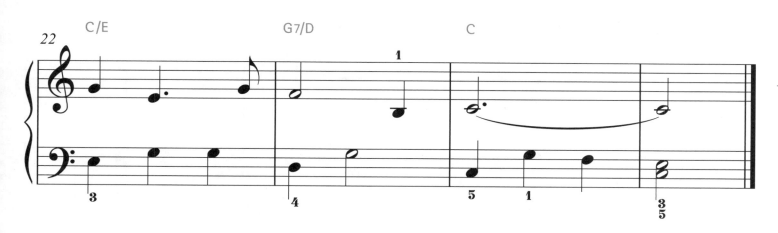

소년, 소녀를 다시 만나다

해리 작곡

카논
Canon

파헬벨 작곡

넬라 판타지아

Nella Fantasia
영화 <미션> OST

E. 모리코네 작곡

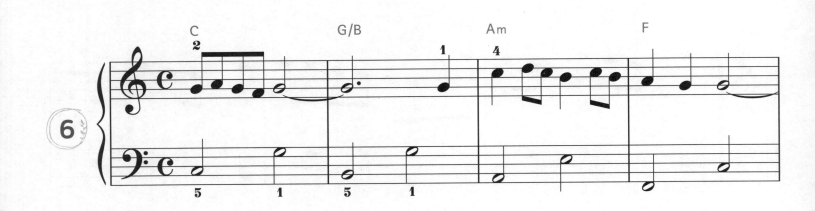

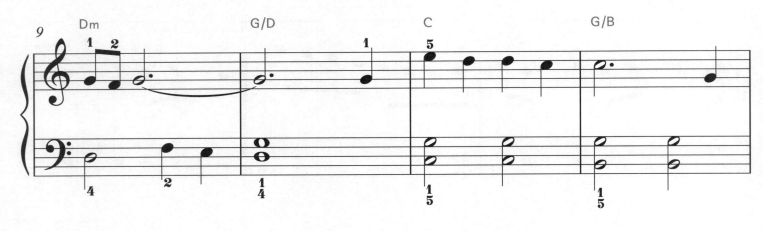

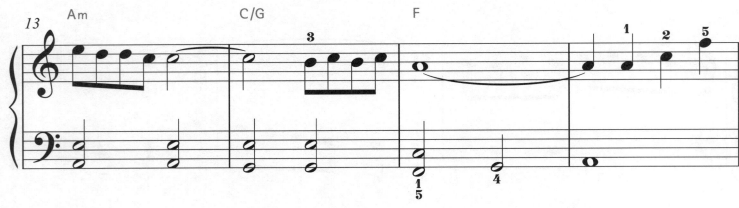

언제나 몇 번이라도

Always With Me

영화 <센과 치히로의 행방불명> OST

K.유미 작곡

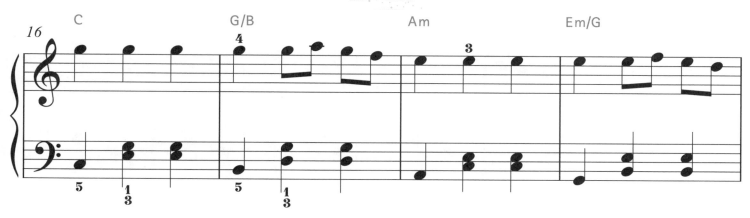

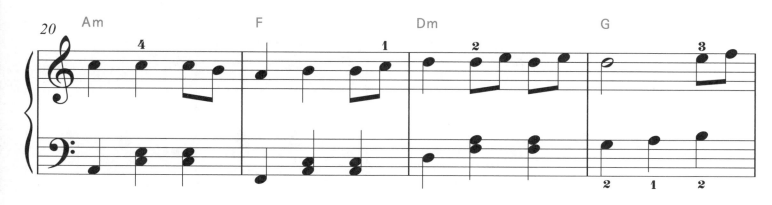

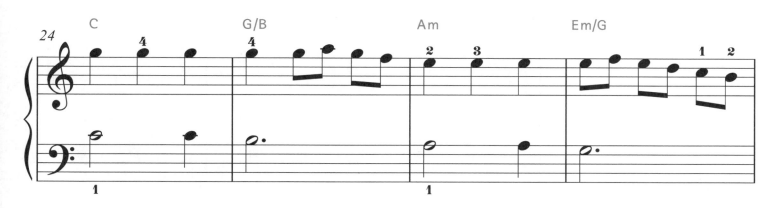

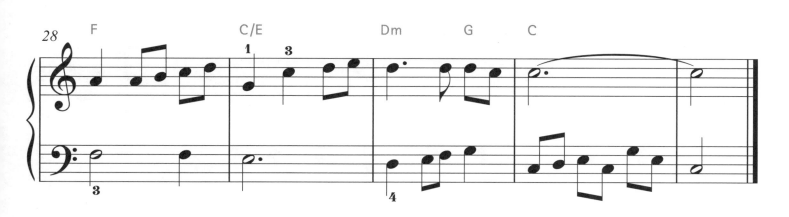

봄날, 벚꽃 그리고 너

차세정 작곡

조용한 날들
Les Jours Tranquilles

A. 가뇽 작곡

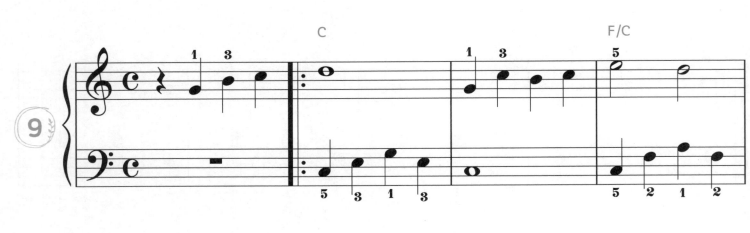

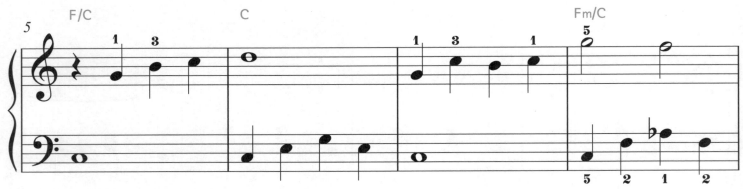

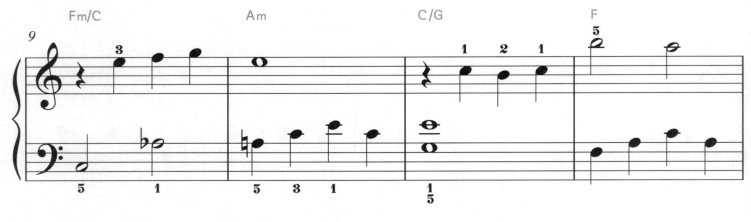

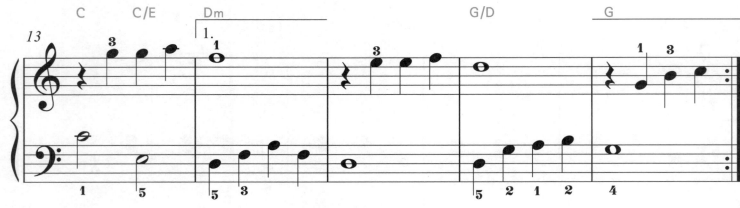

왓 어 코인시던스

What A Coincidence

영화 <냉정과 열정 사이> OST

R. 요시마타 작곡

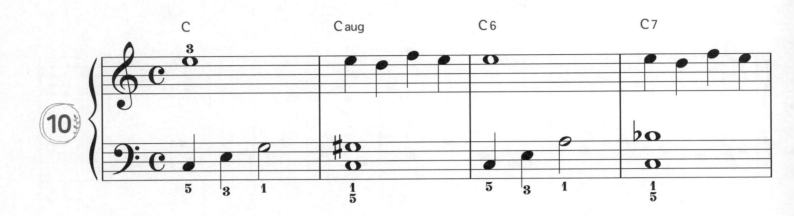

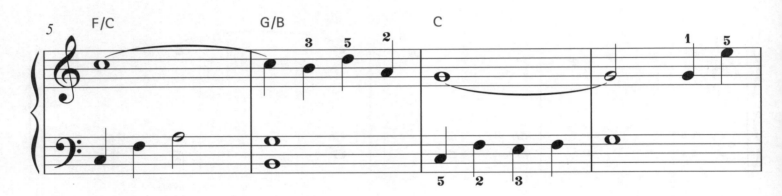

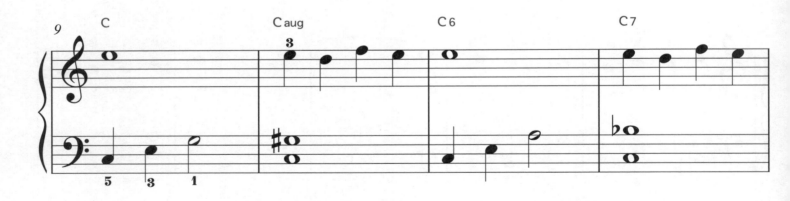

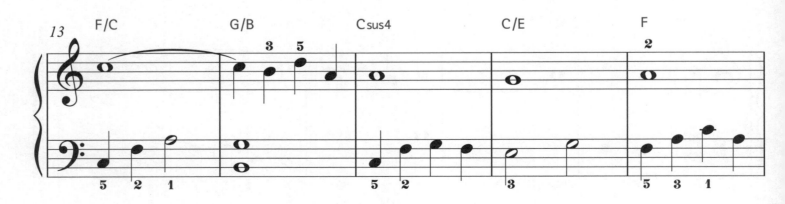

바다가 보이는 마을

영화 <마녀 배달부 키키> OST

24

문 리버

Moon River
영화 <티파니에서 아침을> OST

H. 맨시니 작곡

또 다시

영화 <센과 치히로의 행방불명> OST

J. 히사이시 작곡

아드린느를 위한 발라드

Ballade Pour Adeline

P. d. 세느비유 작곡

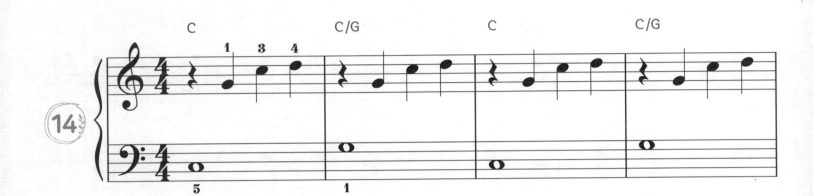

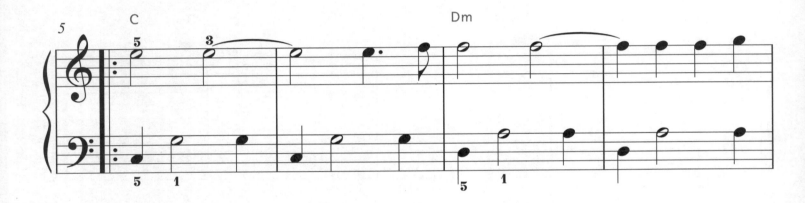

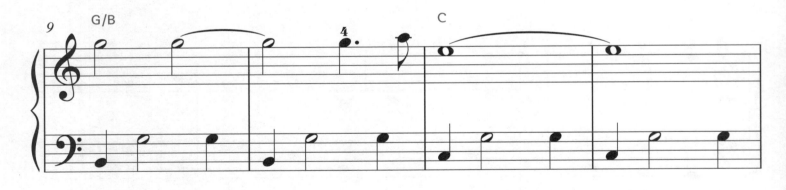

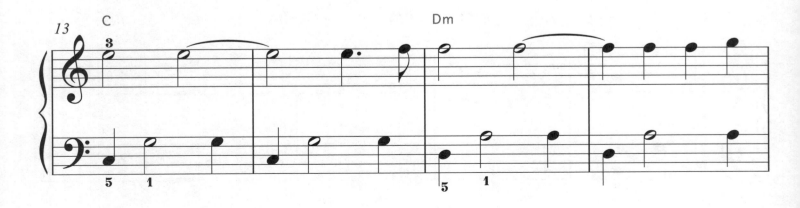

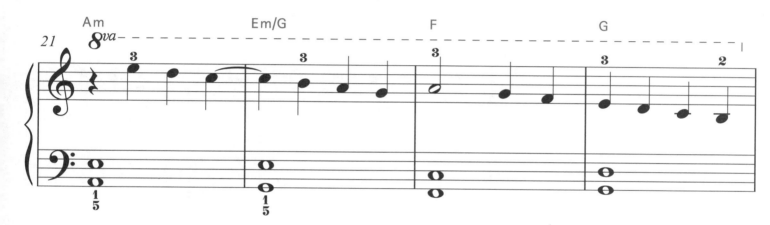

썸머

Summer

영화 <기쿠지로의 여름> OST

J. 히사이시 작곡

시대를 초월한 마음

만화 <이누야사> OST

W. 카오루 작곡

너를 태우고

영화 <천공의 성 라퓨타> OST

J. 히사이시 작곡

할아버지의 옛날 시계
My Grandfather's Clock

H. C. 워크 작곡

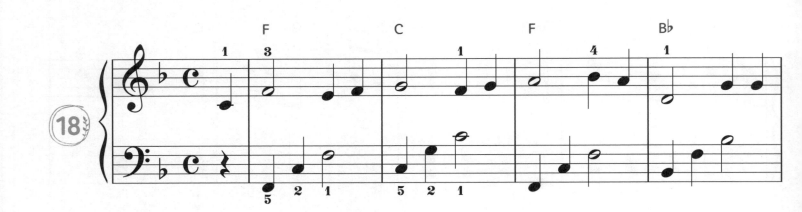

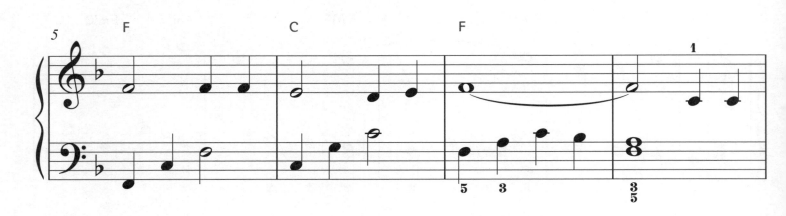

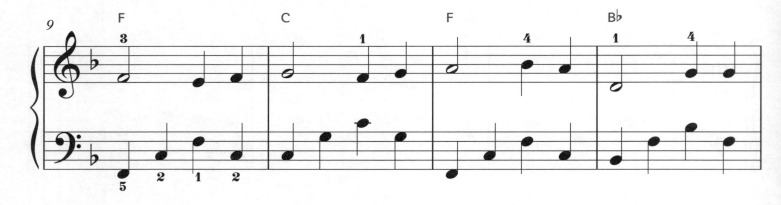

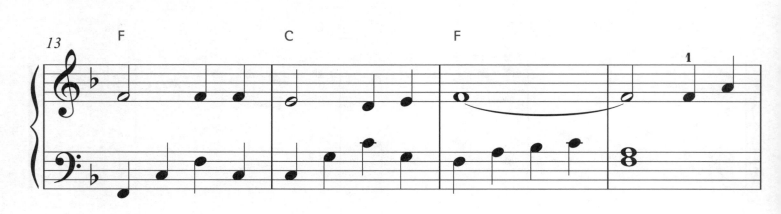

캉캉

오페라 <천국과 지옥> 중에서

J. 오펜바흐 작곡

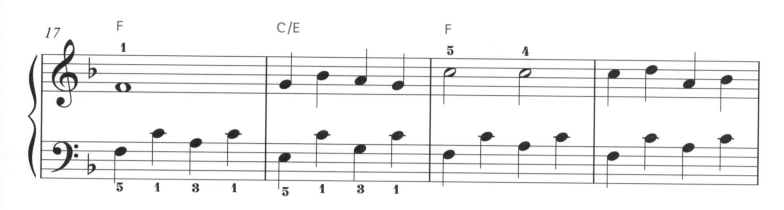

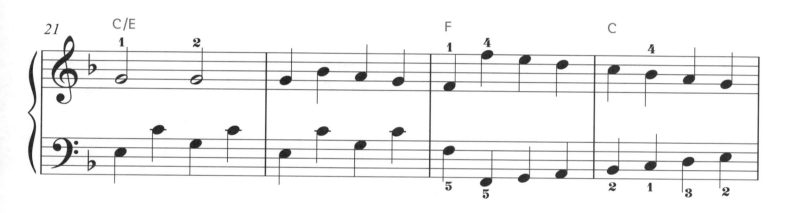

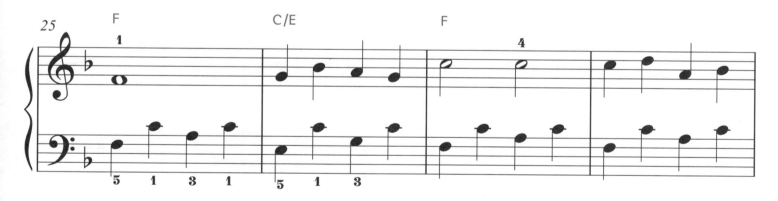

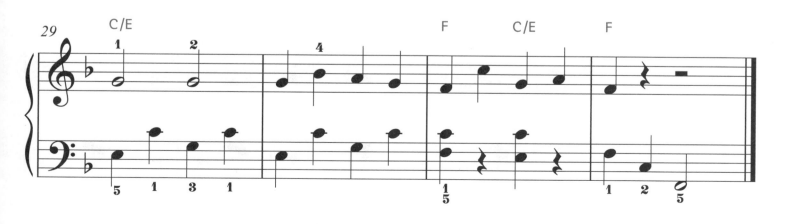

학교 가는 길

김광민 작곡

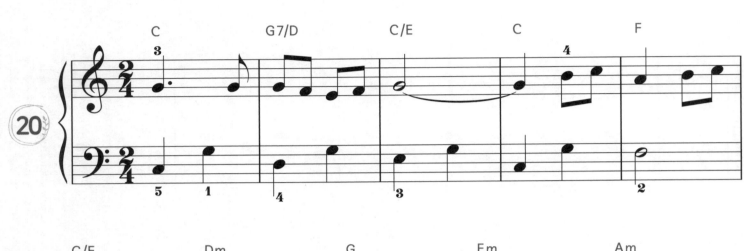

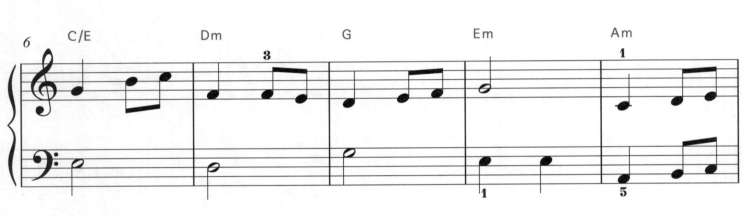

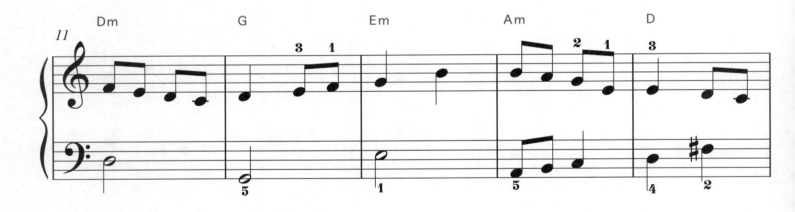

42

아이 윌
I Will

J. 레논, P. 매카트니 작곡

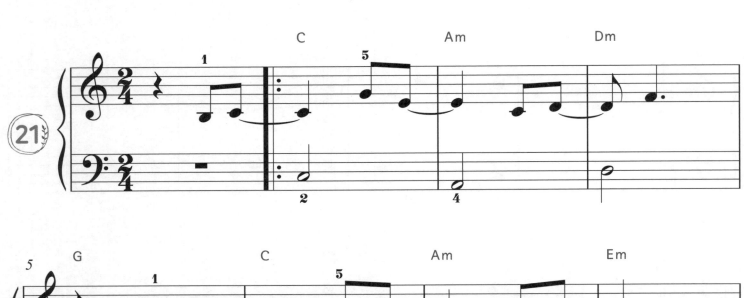

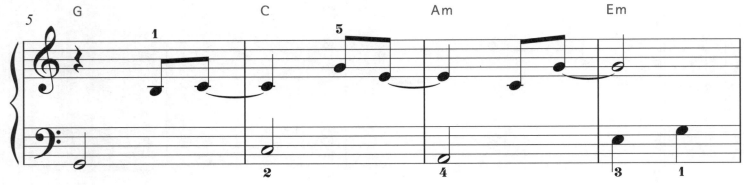

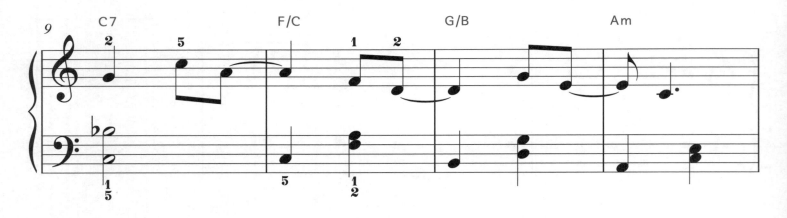

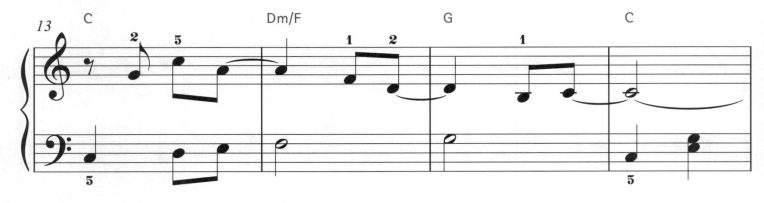

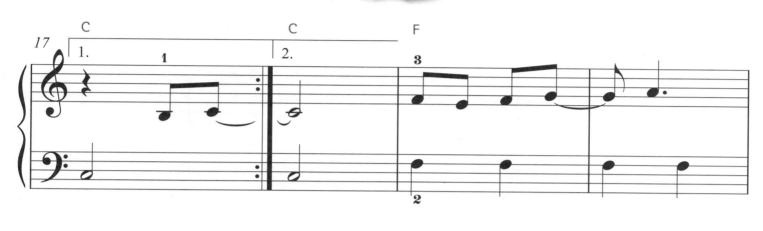

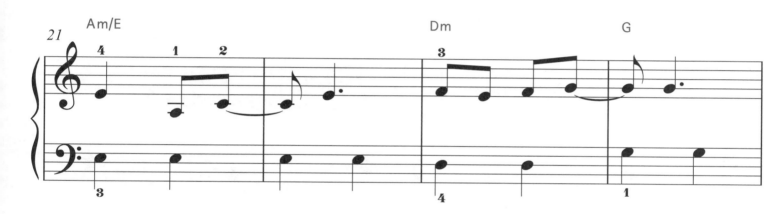

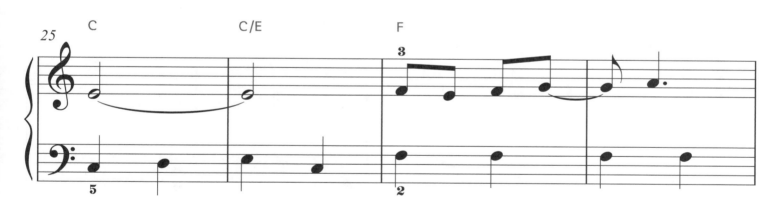

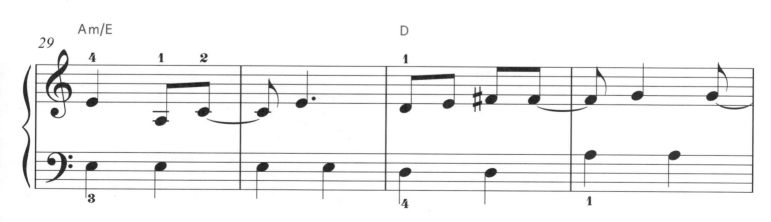

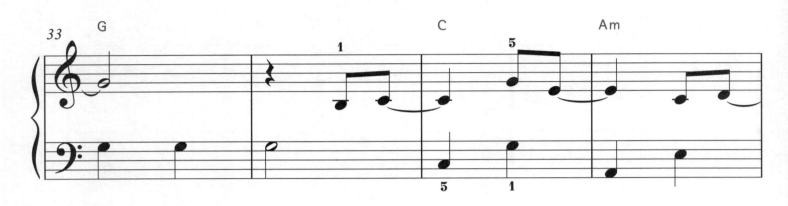

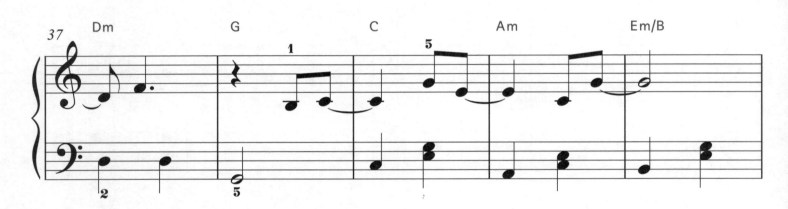

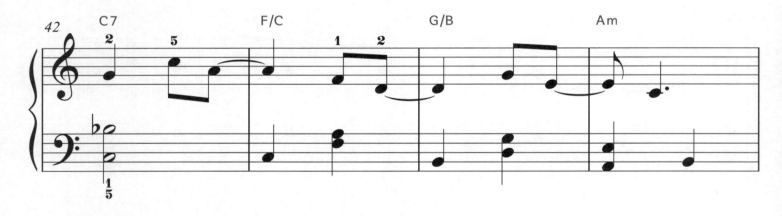

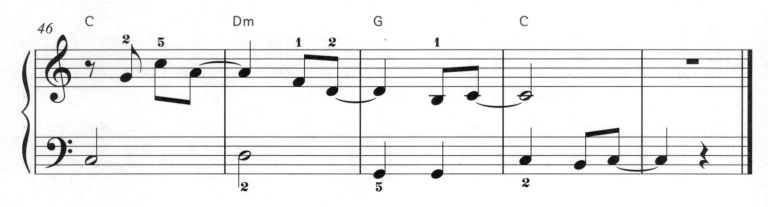

베토벤 바이러스

Beethoven Virus

L. v. 베토벤 작곡

더 홀 나인 야드

The Whole Nine Yards
영화 <냉정과 열정 사이> OST

R. 요시마타 작곡

인생의 회전목마

영화 <하울의 움직이는 성> OST

J. 히사이시 작곡

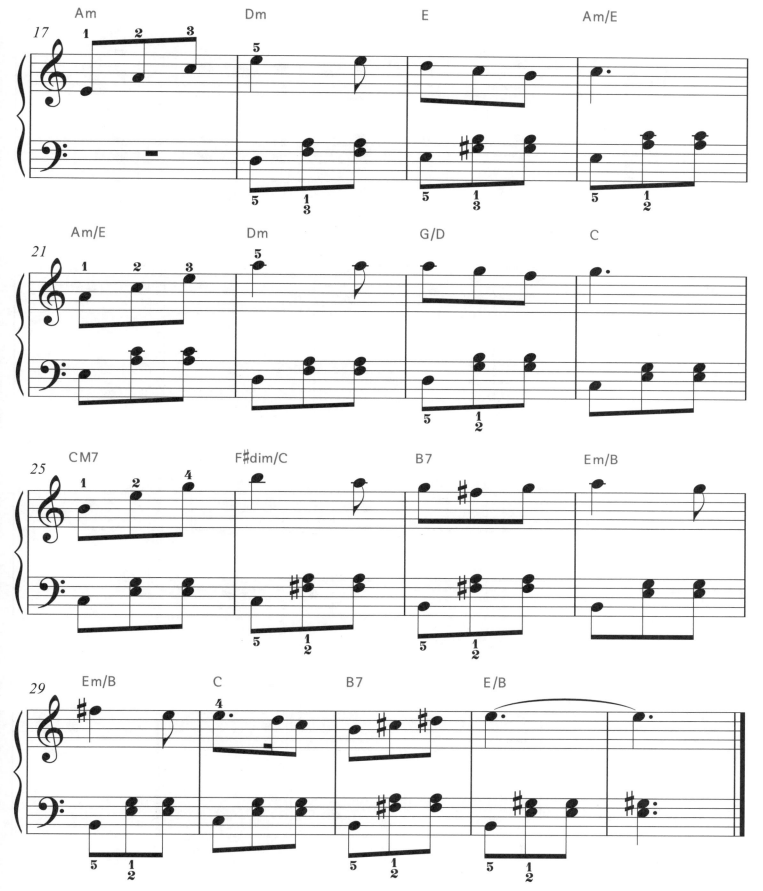

플라잉 페탈스
Flying Petals

이지수 작곡

박진우 작곡

더 라스트 왈츠

The Last Waltz
영화 <올드보이> OST

심현정 작곡

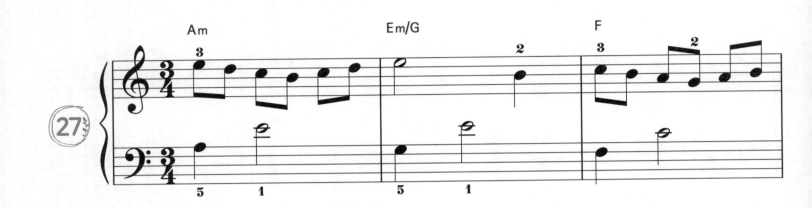

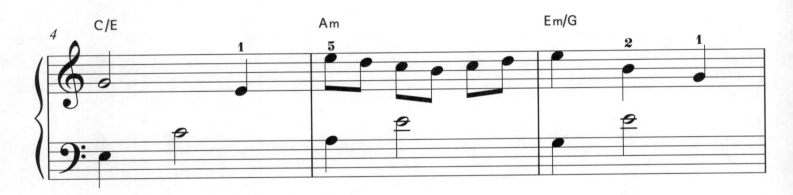

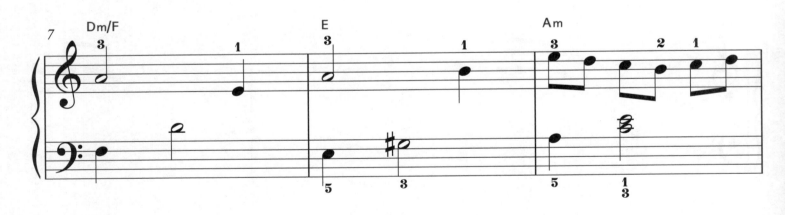

프린세스 오브 플라워
Princess Of Flowers

I. 사사키 작곡

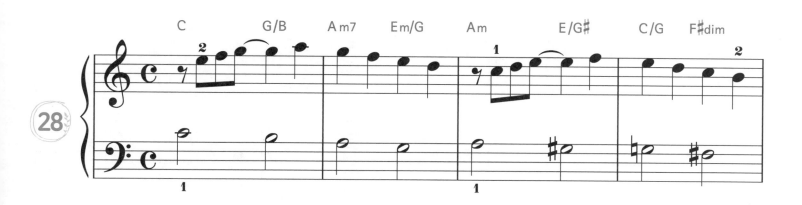

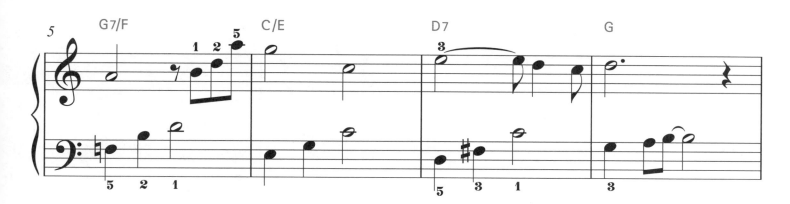

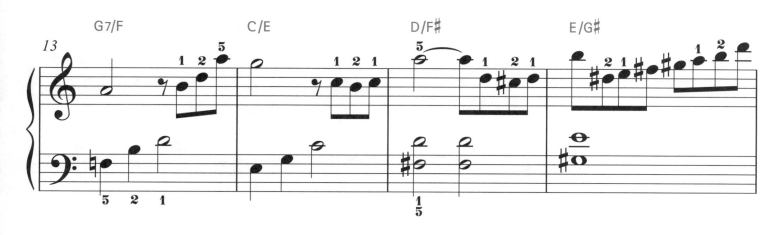

어 러버스 콘체르토

A Lover's Concerto
영화 <접속> OST

S. 린저, D. 랜델 작곡 / J. S. 바흐 원곡

하얀 연인들

13 Jours En France
영화 <하얀 연인들> OST

F. 레이 작곡

공원에서

유희열 작곡

벼랑 위의 포뇨

영화 <벼랑 위의 포뇨> OST

J. 히사이시 작곡

봄날의 곰을 좋아하세요

유성욱 작곡

스텝핑 온 더 레이니 스트리트

Stepping On The Rainy Street
드라마 <겨울연가> OST

연세영 작곡

오 샹젤리제

Les Champs-Elysees

M. 데이한 작곡

그대를 만난 날

정예경 작곡

라스트 카니발
Last Carnival

T. 노리히로 작곡

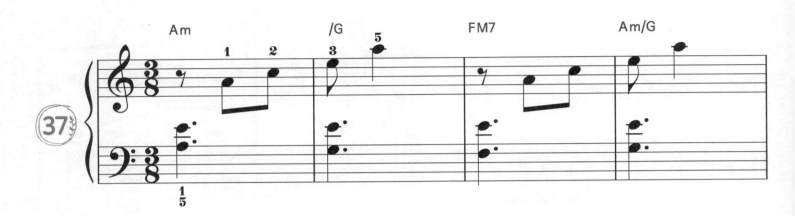

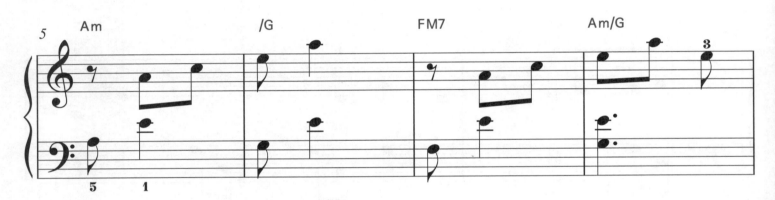

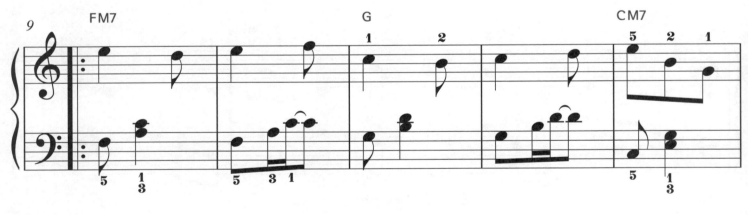

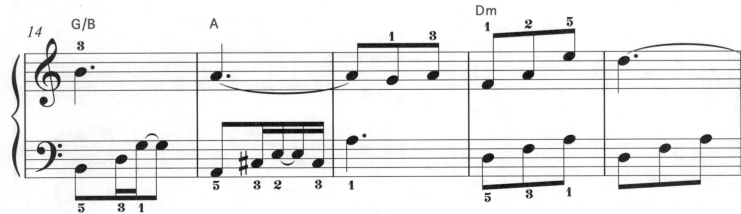

오버 더 레인보우

Over The Rainbow

영화 <오즈의 마법사> OST

H. 알렌, E. Y. 하버그 작곡

스프링
Spring

J. 히사이시 작곡

파리스, 파리스!

Paris, Paris!

몽라 작곡

버블 러브
Bubble Love

해리 작곡

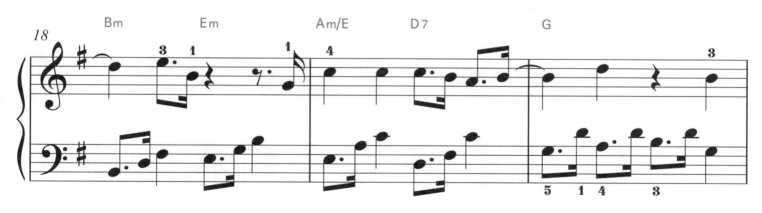

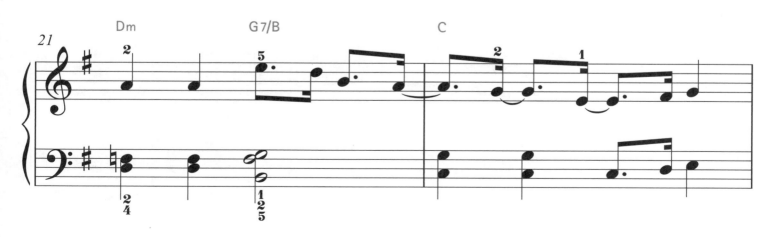

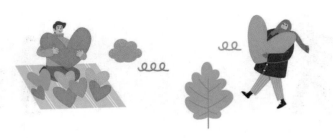

카마도 탄지로의 노래

애니메이션 <귀멸의 칼날> OST

G. 시이나 작곡

조지영 ★

케이팝 피아노 작가(1992~현재)
제주대학교 작곡 전공
실용반주 교육, 연주 및 편곡 25년
악보공장 인터뮤즈 가요·드라마·ost 채보 편곡
에듀클래식 음악쟁이
어린이밴드곡 & 최신곡 편곡
최신음악짱 편곡 및 검수 16년
저서 140권 출간

저서 ★

감성 있는 뉴에이지 피아노 연주곡집 초급·중급
쿠로미와 함께 체르니 100·30(공저)
헬로키티와 함께 바이엘(공저)
조지영의 오늘하루 K-POP&OST
리틀스타 재즈소곡집, 동요곡집, 재즈명곡집
케이팝 아이돌스타
케이팝 피아노 프렌즈 초급·중급
뉴트로트, 감성가요, 드라마 OST

뉴에이지 Piano Solo 첫걸음 초급·중급
냠냠 맛있는 재즈소곡집 1·2
냠냠 맛있는 가요반주곡집 1·2
꿀잼 재즈소곡집 1·2
꿀잼 꼬마손 재즈소곡집
마리콘 뉴에이지 1·2·3
신비아파트 재즈소곡집 easy concert
조지영의 뉴에이지 초급·중급·고급

감성 있는
newAge
뉴에이지 피아노 연주곡집 초급편

발행일 2024년 12월 20일

편곡 조지영
발행인 최우진
편집 이슬기
디자인 이현아

발행처 그래서음악(somusic)
출판등록 2020년 6월 11일 제 2020-000060호
주소 (본사) 경기도 성남시 분당구 정자일로 177
　　　 (연구소) 서울시 서초구 방배4동 1426
이메일 book@somusic.co.kr

ISBN 979-11-93978-30-6 (14670)
　　　 979-11-93978-29-0 (14670) (세트)